십일조

KB202504

십일조

2019년 4월 15일   제1판 1쇄 발행
지 은 이   김 만 홍
펴 낸 이   김 만 홍
펴 낸 곳   도서출판 예지

인천광역시 계양구 계양문화로 168, 319-304호
전 화   010-2393-9191
등 록   2005. 5. 12. 제387-2005-00010호
ⓒ 김 만 홍 2019

정가 3,000원
ISBN 978-89-93387-38-4 03230

공급처 : 하늘유통 031) 947-7777

십일조

김만홍

예지

목 차

십일조를 드림으로
하늘에 보물을 쌓아라

십일조를 말하기 전에 먼저 심고 거두는 원칙에 대해 생각해 보자.

사실 우리 인간의 삶은 심고 거두는 원칙과 밀접하게 연관이 되어 있다. 우리의 삶의 모든 부분은 심고 거두는 원칙으로 이루어져 있기 때문이다. 우리의 눈에 보이는 꽃들과 여러 열매들과 모든 식물들은 모두 씨앗을 통해 이 땅에 존재하게 되었다.

그러므로 먼저 씨앗으로 심겨지고 자라서 열매를 거둔다. 그러므로 이 세상에 거저 얻을 수 있는 것은 아무것도 없다. 모든 것은 원인이 있기 때문에 결과가 있다. 우리가 주는 것이 있기에 받는다.

우리가 아무 노력도 하지 아니하고 거저 얻을 수 있는 것은 아무 것도 없다. 그러므로 심고 거두는 원칙은 하나님의 섭리요, 하나님의 계획이요, 하나님의 진리요, 성경적 부자가 되는 원칙이다. 심고 거두는 원칙은 하나님께서 정하셨기 때문에 이 세상이 존재하는 한 계속된다.

"땅이 있을 동안에는 심음과 거둠과 추위와 더위와 여름과 겨울과 낮과 밤이 쉬지 아니하리라"(창 8:22)

그러므로 우리는 하나님께 축복을 받기 전에 먼저 주어야 하며, 거두기 전에 먼저 씨앗을 심어야 한다. 우리가 주는 삶을 살지 않고 심지도 않으면서 거둘 수는 없다.

그럼에도 불구하고 많은 사람들은 주는 삶을 살지 않고 받을 생각만 한다. 그들은 씨앗을 심는 것에는 관심이 없지만 우리는 무엇으로 심든지 그대로 거두는 것이다.

"스스로 속이지 말라 하나님은 업신여김을 받지 아니하시나니 사람이 무엇으로 심든지 그대로 거두리라"(갈 6:7)

그러므로 우리는 자신이 거두기 원하는 것을 심어야 한다. 보리를 원하면 보리의 씨앗을 심고, 밀을 원하면 밀의 씨앗을 심고, 포도를 원하면 포도의 씨앗을 심어야 한다.

사실 우리가 심을 수 있는 것들은 다양하다. 다른 사람을 사랑하고, 누군가를 칭찬하며, 그 사람에게 마음을 써주고, 친절을 베푸는 것도 심는 것이다. 그러므로 우리가 상대방으로부터 사랑을 받고 싶으면 사랑을 심어야 하고, 상대방으로부터 칭찬을 받고 싶으면 칭찬을 심어야 한다. 상대방으로부터 배려를 받고 싶으면 배려를 심어야 하고, 상대방으로부터 은혜를 받고 싶으면 은혜를 심어야 한다. 그러므로 우리는 모든 것을 우리가 심은 대로 거둔다. 심고 거두는 원칙은 모든 영역에 적용되는 원칙이기 때문이다. 그러므로 예수님은 이렇게 말씀하셨다.

"그러므로 무엇이든지 남에게 대접을 받고자 하는 대로 너희도 남을 대접하라 이것이 율법이요 선지자니라"(마 7:12)

우리는 무엇이든지 남에게 받기 원하면 우리가 먼저 그것을 심어야 한다. 다른 사람에게 대접을 받고 싶으면 다른 사람을 대접하고, 다른 사람에게 사랑을 받고 싶으면 먼저 다른 사람을 사랑하고, 다른 사람에게 칭찬을 받고 싶으면 다른 사람을 칭찬해야 한다.

그러므로 오늘 우리가 어떤 열매를 거두고 있다면 우리가 그 열매의 씨앗을 심었기 때문에 오늘 그 열매를 거두는 것이다. 우리가 오늘 사랑과 행복의 열매를 거두고 있다면 그 동안 우리가 그런 씨앗을 심었기 때문이다. 세상에 거저 얻을 수 있는 것은 아무것도 없다.

"네가 행한 대로 너도 받을 것인즉 네가 행한 것이 네 머리로 돌아갈 것이라"(옵 1:15)

그러므로 우리가 행한 대로 우리도 받는다. 우리가 행한 것이 우리 머리로 돌아온다. 그러므로 우리 예수님은 이렇게 말씀하셨다.

"주라 그리하면 너희에게 줄 것이니 곧 후히 되어 누르고 흔들어 넘치도록 하여 너희에게 안겨 주리라 너희가 헤아리는 그 헤아림으로 너희도 헤아림을 도로 받을 것이니라"(눅 6:38)

그러므로 우리가 부자가 되려면 먼저 물질의 씨앗을 심어야 한다.
우리가 물질의 씨앗을 심으면 반드시 축복을 거두기 때문이다. 우리 하나님이 반드시 물질의 축복으로 갚아 주시기 때문에 우리는 부자가 될 수 있는 것이다. 그러므로 우리 예수님은 "후히 되어 누르고 흔들어 넘치도록 하여 너희에게 안겨 주리라"고 말씀하셨다.

사도 바울도 예수님이 가르치시는 교훈을 정확하게 깨닫고 우리에게 이렇게 말씀했다.

"이것이 곧 적게 심는 자는 적게 거두고 많이 심는 자는 많이 거둔다 하는 말이로다 각각 그 마음에 정한 대로 할 것이요 인색함으로나 억지로 하지 말지니 하나님은 즐겨 내는 자를 사랑하시느니라 하나님이 능히 모든 은혜를 너희에게 넘치게 하시나니 이는 너희로 모든 일에 항상 모든 것이 넉넉하여 모든 착한 일을 넘치게 하게 하려 하심이라"(고후 9:6-8)

그러므로 성경적 부자 되는 원칙은 심는 대로 거두는 원칙이다.
하나님은 즐거운 마음으로 드리는 사람을 사랑해 주신다.

우리가 하나님께 사랑을 받는 것은 하나님께 넘치는 물질축복을 받아 모든 착한 일을 항상 넘치게 할 수 있는 것이다. 그러므로 하나님께 헌금을 드리는 것은 물질을 허비하는 것이 아니라 축복의 씨앗을 심고 있는 것이다.

우리는 얼마나 많은 축복을 하나님께 받을 수 있을까?

우리가 물질의 씨앗을 심은 만큼 받는다. 그러므로 우리의 모든 일에 항상 모든 것이 넉넉하여, 모든 착한 일을 넘치게 할 수 있는 비결은 우리가 즐거운 마음으로 하나님께 많이 심는 것이다. 우리가 하나님을 기쁘게 해드리면 우리는 모든 일에 항상 모든 것이 넉넉하여 모든 착한 일을 넘치게 할 수 있다.

그러므로 우리가 부자가 되려면 물질의 씨앗을 심어야 한다. 적게 심으면 적게 거두고, 인색하지 아니하고 즐거운 마음으로 많이 심으면 하나님께서 언제나 모든 필요를 채워주심으로 우리는 부자가 될 수 있다.

그러므로 하나님께 헌금을 드리는 것은 우리 자신의 유익을 위해서 물질의 씨앗을 심는 것이다. 하나님은 우리의 물질이 전혀 필요하지 않다는 사실을 우리는 바로 알아야 한다.

그러므로 헌금은 하나님을 위해서 드리는 것이 아니라 우리 자신을 위해서 드린다. 헌금을 드린 사람이 가장 많은 해택을 누리기 때문이다.

헌금을 통해서 가장 많은 혜택을 받는 사람은 바로 헌금을 드린 본인이다. 사도 바울이 열심히 수고하여 약한 사람들을 돕고, 모든 일에 모본을 보인 이유가 무엇일까? 예수 그리스도의 교훈을 배워서 실천하기 위함이요, 사랑의 수고를 통해 여러 약한 사람들을 돕는 것이 매우 큰 행복이라는 사실을 깨달았기 때문이다.

"범사에 여러분에게 모본을 보여준 바와 같이 수고하여 약한 사람들을 돕고 또 주 예수께서 친히 말씀하신 바 주는 것이 받는 것보다 복이 있다 하심을 기억하여야 할지니라"(행 20:35)

그러므로 우리 예수님께서는 심고 거두는 원칙을 몸소 보여 주셨다. 그분이 십자가에서 죽으심으로 가장 위대한 씨앗을 심으셨다. 수많은 사람들을 영적으로 추수하기 위해서 예수님 자신이 씨앗으로 심겨지신 것이다. 그리고 예수님은 자신이 한 알의 밀알이라는 사실을 교훈을 통해 설명해 주셨다.

"내가 진실로 진실로 너희에게 이르노니 한 알의 밀이 땅에 떨어져 죽지 아니하면 한 알 그대로 있고 죽으면 많은 열매를 맺느니라"(요 12:24)

밀알은 땅에 심겨져 죽어야 그 속에서 열매를 맺는다. 밀알이 죽기 위해서는 껍질이 터지고 쪼개져야 한다. 밀알이 죽는 것은 흙속에서 적당한 온도와 습도가 함께 작용함으로써 껍질이 터지는 것이다. 일단 껍질이 터져 열리면 그 속에서 싹이 나며 자란다. 그리고 나중에는 30배, 60배, 100배의 결실을 맺는다. 그러므로 예수님이 한 알의 밀알이 되어 우리를 위해서 씨앗으로 심겨졌던 것이다.

이제 우리도 우리 옛 사람이 죽어 땅에 심겨져야 열매를 맺는다.

옛 사람이 죽은 그리스도인은 하나님의 진정한 사랑을 실천할 수 있다. 하나님의 사랑은 우리가 구원받았을 때 우리에게 주어졌지만 종종 우리의 육신의 단단한 껍질 때문에 싹이 우리 속에서 솟아 나오지 못한다. 하지만 진정으로 육신의 껍질이 깨어져 자아가 죽은 그리스도인은 예수님처럼 하나님의 사랑이 그 속에서부터 솟구쳐 나오는데 아무런 방해를 받지 않는다. 그 사랑은 거절당할 때도, 조소를 당할 때도, 멸시를 받거나, 다른 사람에게 수욕을 당할 때에도, 어김없이 변치 않고 흘러나온다. 그래서 십자가의 고통이 없다면 부활의 영광도 없는 것이다. 겨울이 지나야 새 봄이 오며, 꽃은 겨울에 피지 않고 새 봄에 피는 것이다.

"겨울도 지나고 비도 그쳤고 지면에는 꽃이 피고 새의 노래할 때가 이르렀는데 비둘기의 소리가 우리 땅에 들리는 구나 무화과나무에는 푸른 열매가 익었고 포도나무에는 꽃이 피어 향기를 토하는 구나"(아 2:11-13).

만약 꽃을 피우는 나무가 겨울을 통과하지 못하고 얼어서 죽는다면 결코 꽃을 피울 수 없다. 죽음 후에 부활이 오는 것처럼 옛 사람이 지배

하는 차가운 겨울 땅에는 노래하는 행복이 오지 않는다. 그러나 차가운 겨울이 지나면 따스한 봄날이 오는 것처럼 옛 사람이 죽은 그리스도인은 새로운 인생이 시작되고, 꽃이 피고 새가 노래하는 아름다운 삶이 시작된다. 그러므로 우리도 예수님처럼 한 알의 밀알이 되어 자아가 죽어 땅에 심겨져야 많은 열매를 맺는다.

우리가 물질축복을 경험하려면 하나님께서 심고 거두는 원칙에 따라 우리의 필요를 공급하신다는 진리를 믿고 부지런히 축복의 씨앗을 심어야 한다. 심는 자에게 풍성한 축복을 거두게 하시듯이, 하나님께서는 물질의 씨앗을 심는 사람에게 물질축복을 거두게 하심으로 우리는 부자가 될 수 있다. 물질의 씨앗을 심는 것은 하나님이 우리의 삶에서 부자가 되게 하는 가장 중요한 원칙이기 때문이다.

그러므로 우리가 부자가 되려면 심고 거두는 원칙에 따라 십일조의 씨앗을 심어야 한다.

그렇다면 십일조는 우리에게 어떤 의미가 있을까?

1
십일조는 가장 먼저 심어야 할 씨앗이다

우리가 성경적 부자 되는 원칙에 따라 심고 거두는 원칙을 실천하지 아니하면 물질의 축복을 거둘 수 없다. 그러므로 하나님께서는 우리가 심을 수 있도록 심을 씨앗을 풍성하게 주셨다. 그러므로 우리가 심어야 할 씨앗은 십일조인 것이다. 그러므로 십일조란 사랑의 하나님이 우리를 위해서 준비해 주신 사랑의 선물이다.

"심는 자에게 씨와 먹을 양식을 주시는 이가 너희 심을 것을 주사 풍성하게 하시고 너희 의의 열매를 더하게 하시리니"(고후 9:10)

우리는 여기서 심는 씨앗과 먹을 양식을 구분해야 한다. 다시 말해서 우리에게 수입이 들어오면 십일조나 헌금이나 어려운 사람들에게 나누어 줄 부분은 씨앗으로 심어야 하고, 먹을 양식에 해당되는 물질은 우리의 생활을 위해서 사용해야할 물질이다.

그러므로 먹을 양식에 해당되는 수입의 돈을 우리가 사용해도 되지만 씨앗에 해당되는 물질은 절대로 우리의 생활을 위해서 사용해서는 안 된다. 그것은 우리가 심어야할 씨앗까지 먹어버리기 때문에 당연히 심을 수 없고, 우리가 심지 않으면 결코 물질의 축복을 거둘 수 없기 때문에 부자가 될 수 없는 것이다.

그러므로 우리는 십일조를 율법으로 이해하고 그것을 거부하지 말아야 한다. 완전한 복음으로 구원받은 우리에게 십일조가 합당하지 않다고 말하는 것은 십일조를 사랑의 선물로 주신 하나님을 이해하지 못하는 것이다. 우리 하나님께서는 십일조를 통해서 우리에게 복을 부어주시려는 것이다. 그러므로 십일조는 근본적으로 우리를 축복하기 위해서 하나님이 정하신 원칙이다.

"만군의 여호와가 이르노라 너희의 온전한 십일조를 창고에 들여 나의 집에 양식이 있게 하고 그것으로 나를 시험하여 내가 하늘 문을 열고 너희에게 복을 쌓을 곳이 없도록 붓지 아니하나 보라"(말 3:10)

그러므로 십일조가 하늘의 밭에 심겨져야할 씨앗이라는 사실을 누구보다도 확실하게 깨닫고 실천했던 사람이 있다. 그는 1839년 7월 8일에 태어나 1937년 5월 22일 98세로 세상을 떠난 세계 최고의 부자 록펠러다. 그는 현재의 가치로 환원할 경우 현재 세계 최고의 부자로 알려진 빌 게이츠보다 무려 세 배가 넘는 돈을 벌었다. 그는 돈을 아무리 많이 벌어도 자신의 수입에서 십일조를 반드시 하나님께 드렸다. 그는 자신이 하나님께 온전한 십일조를 드리면 그 십일조는 하늘의 하나님의 밭에 씨앗으로 뿌려져서 싹이 나고 자라서 30배, 60배, 100배의 결심을 맺는다는 사실을 알고 십일조를 하나님께 드렸다.

그래서 그는 자신의 온전한 십일조를 하나님께 드리기 위해 자신의 수입에서 십일조를 관리하는 40명의 직원까지 두었다. 결국 그는 하나님의 축복으로 세계에서 가장 큰 부자가 되었다. 그가 세운 회사 "스탠더드 오일"은 석유 산업의 여러 분야를 모두 독점하여 그 당시 석유 시장의 95%를 독점하면서 엄청난 부를 거머쥐었다. 하지만 그가 55세가 되던 1899년에 지병으로 1년 이상 살지 못할 것이라는 사형선고를 듣고, 병상에서 돈만을 위한 인생의 목표는 곧 파멸의 길임을 깨닫고, 그는 그때부터 사업가가 아닌 자선사업가의 삶을 살기로 결단했다. 결국 그는 록펠러재단을 설립하고 24개의 대학교와 4,928개의 교회를 지어서 사회에 기증을 했으며, 부를 나누는 삶을 살았던 최고의 부자가 되었다.

어떤 기자가 어떻게 그렇게 성공할 수 있었느냐고 묻자 그는 자신의 성공의 이유를 이렇게 말했다.

"나는 어린 시절부터 어머니의 근검절약 정신, 특히 노력하는 삶의 자세를 많이 이어받았습니다. 나는 학교에 들어가기 전부터 하나님께 십일조 헌금을 드려야 한다는 것을 어머니께 귀가 닳도록 들었고, 한 번도 십일조 드리는 것을 빠뜨리지 않았지요. 어머니의 생활 방식이 곧 나의 방식이 된 것입니다.”(이채윤이 쓴 십일조의 비밀을 안 최고의 부자 록펠러에서)

십일조는 우리가 하나님을 가장 중요한 분으로 여기고 있는지 보여주는 하나의 시험이다. 하나님은 우리에게 십일조를 통해서 하나님을 시험해 보라고 도전하셨다. 십일조는 성경적 부자 되는 원칙 중에 가장 중요한 원칙이다. 우리가 온전한 십일조를 드리지 않으면 하늘의 문이 열리지 않기 때문에 결코 물질축복을 받을 수 없다.

우리는 십일조가 무엇인지 정확하게 알아야 한다.

아브라함이 율법이 있기 400년 전에 십일조를 시작하였다(창 14:20). 그러므로 우리는 아브라함의 자손이기 때문에 하나님께 십일조를 드려야 한다.

야곱도 십일조를 배워서 계속했다.
야곱은 형 에서를 피하여 외삼촌 라반의 집으로 가던 중에 벧엘에서 하나님을 만났다. 그러므로 야곱은 하나님이 자신과 함께 계셔서 자신을 지켜주시고, 안전하게 아버지 집으로 돌아오게 해 주시면 평생 하나님만 섬기며, 하나님께서 주신 모든 것에서 반드시 십일조를 드리겠다고 서원했다.

"내가 기둥으로 세운 이 돌이 하나님의 집이 될 것이요 하나님께서 내게 주신 모든 것에서 십분의 일을 내가 반드시 하나님께 드리겠나이다 하였더라"(창 28:22)

모세는 십일조를 율법으로 정했다.

여기서 율법이란 모세 오경인 창세기, 출애굽기, 레위기, 민수기, 신명기를 지칭한다. 하지만 우리 예수님께서 율법을 폐하러 오신 것이 아님을 알아야 한다.

"내가 율법이나 선지자를 폐하러 온 줄로 생각하지 말라 폐하러 온 것이 아니요 완전하게 하려 함이라"(마 5:17)

만약에 율법이 폐하여져서 아무 필요가 없다면 우리는 모세 오경을 더 이상 읽지 말고 버려야 할 것이다. 그러므로 창세기에 이미 십일조가 있었고, 레위기에서 모세가 십일조를 정했다.

"그리고 그 땅의 십분의 일 곧 그 땅의 곡식이나 나무의 열매는 그 십분의 일은 여호와의 것이니 여호와의 성물이라 또 만일 어떤 사람이 그의 십일조를 무르려면 그것에 오분의 일을 더할 것이요 모든 소나 양의 십일조는 목자의 지팡이 아래로 통과하는 것의 열 번째의 것마다 여호와의 성물이 되리라 그 우열을 가리거나 바꾸거나 하지 말라 바꾸면 둘 다 거룩하리니 무르지 못하리라"(레 27:30-33)

그리고 민수기에서 십일조의 정확한 사용처를 밝히면서 하나님의 집인 성막에서 봉사하는 제사장들과 레위인들에게 사용되어야 할 것을 분명하게 말씀했다.

"내가 이스라엘의 십일조를 레위 자손에게 기업으로 다 주어서 그들이 하는 일 곧 회막에서 하는 일을 갚나니"(민 18:21)

그리고 신명기에서 십일조를 어디에 드려야 하는지를 분명하게 밝히고 있는데 바로 성전이었다.

"너희의 번제와 너희의 제물과 너희의 십일조와 너희 손의 거제와 너희의 서원제와 낙헌 예물과 너희 소와 양의 처음 난 것들을 너희는 그리로 가져다가 드리고 거기 곧 너희의 하나님 여호와 앞에서 먹고 너희의 하나님 여호와께서 너희의 손으로 수고한 일에 복 주심으로 말미암아 너희와 너희의 가족이 즐거워할지니라"(신 12:6-7)

이스라엘 백성들이 포로 시대에 십일조를 잠시 멈추었을 때 느헤미야가 십일조를 회복시켰다.

"내가 모든 민장들을 꾸짖어 이르기를 하나님의 전이 어찌하여 버린 바 되었느냐 하고 곧 레위 사람을 불러 모아 다시 제자리에 세웠더니 이에 온 유다가 곡식과 새 포도주와 기름의 십일조를 가져다가 곳간에 들

이므로"(느 13:11-12)

그리고 말라기에서 십일조를 드리는 방법을 구체적으로 명령했다.

"사람이 어찌 하나님의 것을 도둑질하겠느냐 그러나 너희는 나의 것을 도둑질하고도 말하기를 우리가 어떻게 주의 것을 도둑질하였나이까 하는도다 이는 곧 십일조와 봉헌물이라 너희 곧 온 나라가 나의 것을 도둑질하였으므로 너희가 저주를 받았느니라 만군의 여호와가 이르노라 너희의 온전한 십일조를 창고에 들여 나의 집에 양식이 있게 하고 그것으로 나를 시험하여 내가 하늘 문을 열고 너희에게 복을 쌓을 곳이 없도록 붓지 아니하나 보라"(말 3:8-10)

그리고 우리 예수님께서도 십일조를 인정하시고, 십일조에 관하여 권면하셨다.

"화 있을진저 외식하는 서기관들과 바리새인들이여 너희가 박하와 회향과 근채의 십일조는 드리되 율법의 더 중한 바 정의와 긍휼과 믿음은 버렸도다 그러나 이것도 행하고 저것도 버리지 말아야 할지니라"(마 23:23)

서기관들과 바리새인들은 십일조를 드렸지만 의로움과 긍휼과 믿음을 저버렸다.

그래서 예수님은 '이것도 행하고 저것도 버리지 말라'는 말씀을 통해서 십일조도 버리지 말아야 한다고 강조하셨다.

그러므로 우리는 두 가지를 다 실행해야 한다. 우리는 이것도 행하고, 저것도 행하여야 한다. 다시 말해서 우리는 의로움과 믿음을 저버리지 말아야 한다. 성도로서 온전한 믿음과 거룩한 성품을 가져야 한다.

사실 바리새인들과 서기관들은 십일조는 탁월하게 잘 드렸지만 그들은 더 소중한 정의와 긍휼과 믿음은 버렸다. 그러므로 우리가 두 가지를 다 하지 않고 한 가지만 실천하는 것은 잘못된 것이다. 그러므로 우리는 반드시 두 가지를 다 실천해야 한다.

그러므로 우리 하나님께서는 성경 말씀을 통해서 십일조를 정하셨다. 하나님이 정하신 것을 우리는 바꿀 수 없다.

"성전의 일을 하는 이들은 성전에서 나는 것을 먹으며 제단에서 섬기는 이들은 제단과 함께 나누는 것을 너희가 알지 못하느냐"(고전 9:13)

이스라엘 백성들이 십일조를 드려 성전에서 하나님의 사역을 감당하는 사람들이 성전에서 나는 십일조로 살아가게 하셨다.

그러므로 사도 바울도 십일조를 자세히 설명했다(고전 16:2, 히 7:8).

그러므로 구원받은 우리는 모두 십일조를 드려야 한다. 하나님께서 십일조와 헌금을 하나님의 뜻으로 정하셨기 때문이다. 하나님의 사역과 교회 운영을 위해서 필요를 채우는 방법으로 하나님이 십일조를 정하셨다.

그러므로 십일조는 우리가 출석하는 지역교회에 드려야 한다. 우리가 출석하는 지역교회에는 우리를 자세히 알고, 우리를 영적으로 보살펴 주는 사역자가 있기 때문에 우리가 출석하는 지역 교회에 십일조를 드려야 한다.

우리가 씨앗으로 심을 수 있는 물질이 없다면 우리는 어떻게 십일조의 씨앗을 심을 수 있을까? 우리는 하나님께서 누구에게나 시작할 수 있는 씨앗을 이미 주셨다는 사실을 알아야 한다. 우리가 그 씨앗을 먹지 않고 반드시 심을 때에 풍성한 열매를 거둔다.

"심는 자에게 씨와 먹을 양식을 주시는 이가 너희 심을 것을 주사 풍성하게 하시고 너희 의의 열매를 더하게 하시리니"(고후 9:10)

그러므로 많은 사람들은 하나님께서 먼저 물질로 축복해 주시면 그때 하나님께 풍성하게 드리겠다고 말하지만 우리가 하나님께 드리는 것은 지금 우리가 가지고 있는 것으로 시작해야 한다. 가진 것이 없을 때에는 우리에게 믿음이 요구된다. 하나님께 십일조를 드리는 것은 믿음이 있어야 드릴 수 있다. 많은 그리스도인들이 하나님께 십일조의 씨앗을 심지도 않으면서 물질축복을 거두기를 원한다. 하지만 하나님께 십일조를 드리는 것은 농사에서 씨앗을 뿌리는 원리와 동일하다.

그러므로 심지 않으면 어느 누구라도 풍성한 열매를 거둘 수 없다.

그러므로 우리는 지금 자신의 물질적인 형편을 살펴야 한다.

그러므로 우리가 지금 재정적으로 어려움에 처하여 있다면 하나님께 드리는 삶을 점검해야 한다. 하나님께 물질로 심은 사람은 반드시 거두기 때문이다.

그러므로 하나님께 아낌없이 기쁜 마음으로 드렸다면 결코 물질적으로 어려움을 당할 수 없다. 하나님은 거짓말을 하실 수 없으시며, 성경의 약속은 믿을 수 있는 약속이기 때문이다.

하나님은 성경에서 분명하게 말씀하셨다.

"이것이 곧 적게 심는 자는 적게 거두고 많이 심는 자는 많이 거둔다 하는 말이로다"(고후 9:6)

"스스로 속이지 말라 하나님은 업신여김을 받지 아니하시나니 사람이 무엇으로 심든지 그대로 거두리라"(갈 6:7)

어떤 사람이 하나님께 십일조의 씨앗을 풍성하게 심었지만 그럼에도 불구하고 물질적으로 축복을 받지 못한다면 그 사람은 하나님의 말씀을 믿을 수 없을 것이다. 하나님의 약속도 믿을 수 없을 것이다. 하지만 하나님은 어떤 경우에도 약속을 지키시는 분이다. 하나님은 절대적으로 신실하신 분이다. 하나님이 약속을 지키시지 않는다는 것은 생각조차 할 수 없다. 하나님은 성경을 통해서 분명하게 약속하셨으며, 그분이 말씀하신대로 약속을 이행하시는 분이다.

그러므로 우리가 지금 물질적으로 어려움을 경험하고 있다면 분명히 성경적 부자 되는 원칙에 따라 하나님께 풍성하게 심지 않았을 것이다. 그러므로 우리가 지금 물질적으로 어려움에 처하여 있다면 하나님께 십일조의 씨앗을 심음으로 그 문제를 해결해야 한다.

이것이 성경적 부자 되는 원칙이다.

물질의 씨앗을 심어야 물질의 축복을 거둘 수 있다. 그러므로 우리는 지금 물질적으로 어렵다고 심어야할 씨앗을 먹지 말아야 한다. 열심히 일해서 수입이 생기면 그 수입의 전부를 다 사용하지 말고, 그 중에서 심을 씨앗으로 십일조를 따로 떼어놓아 다시 하나님께 심어야 한다.
우리가 하나님께 풍성하게 드리면 하나님께서도 우리에게 풍성하게 채워주신다. 하나님께서는 누구보다도 우리의 형편을 자세히 아시기 때문에 우리가 어려운 가운데서도 풍성하게 드리면 하나님은 더 풍성하게 채워주신다.

"환난의 많은 시련 가운데서 그들의 넘치는 기쁨과 극심한 가난이 그들의 풍성한 연보를 넘치도록 하게 하였느니라"(고후 8:2)

마게도냐 교회의 성도들은 극심한 가난 속에서도 풍성한 연보를 드렸다. 그러므로 우리가 거둘 때는 우리가 심은 것보다 더 많이 거두는 것이다. 성경적 부자 되는 원칙에 따라 언제나 풍성하게 드리는 사람은 결코 물질적으로 어려움을 당하지 않고, 늘 풍족하여 하나님의 많은 사역을 감당할 수 있다.

하지만 당신이 물질을 심었지만 그럼에도 불구하고 물질적으로 어려움을 당하고 있다면 당신 자신의 삶을 되돌아보라.

당신은 하나님보다 물질을 더 사랑하지 않았는가?
당신은 하나님의 뜻대로 살고 있는가?
당신은 온전한 십일조를 드렸는가?
당신은 늘 언제나 다른 사람에게 후하게 베풀었는가?
당신은 하나님께서 공급해 주실 때마다 감사하였는가?
당신은 작은 일에도 충성하였는가?
당신은 하나님의 말씀에 온전히 순종하였는가?
당신은 물질적인 필요에 대해 하나님께 기도했는가?

당신은 하나님께 지은 모든 죄를 자백했는가?

당신은 주어진 모든 일에 열심히 일하고 있는가?

우리가 이러한 부분에서 하나님과 바른 관계를 맺고 십일조의 씨앗을 심었다면 반드시 물질의 축복을 거둘 수 있다. 그러므로 하나님께서 우리에게 물질의 축복을 주시려면 우리가 먼저 십일조의 씨앗을 심어야 한다.

우리가 씨앗을 심을 때 싹이 나고 꽃이 피어 많은 열매를 맺는 것이다. 우리 하나님께서는 우리가 물질축복을 받을 수 있도록 씨앗으로 십일조를 요구하신다. 그러므로 십일조의 씨앗을 심지 않으면 결코 물질의 축복을 거둘 수 없다.

2
십일조는 하나님께 드릴 첫 번째 수확이다

"네 재물과 네 소산물의 처음 익은 열매로 여호와를 공경하라"(잠 3:9)

그러므로 랜디 알콘은 십일조가 첫 번째 수확이라는 것을 이렇게 설명했다.

"하나님께서는 '빈손으로 내게 보이지 말지니라'(출 23:15)라고 하셨다. 첫 수확의 헌물은 포도원에서 첫 번째 생산된 수확(레 19:23-25)과 곡식, 와인, 올리브 오일, 깎은 양털의 그해 첫 산물을 포함한다(출 23:16, 34:22, 신 18:4). 가공되지 않는 음식(민 15:20-21), 꿀, 그리고 모든 생산품의 첫 번째 것은 다 주님께 속했다(대하 31:5).

첫 수확을 드린다는 것은 중요한 신언을 하는 것이다.
'우리는 주님 당신께 우리의 첫 수확, 가장 좋은 것을 드립니다. 왜냐하면 모든 좋은 것이 주님께로부터 왔음을 알기 때문입니다. 그렇게 함

으로 우리를 위해 허락하신 영적인 지도력을 유지할 책임이 우리에게 있음을 인정합니다.'

첫 수확의 헌물은 사람들에게 하나님의 소유권을 상기시킨다. 그들은 하나님을 모든 삶과 축복의 원천으로 바라본다. 첫 수확의 헌물은 또한 '하나님이 나머지 수확을 하는데도 도와주실 것을 신뢰합니다.'라는 뜻이다. 첫 수확을 드리지 않으면 하나님의 진노를 불러일으킨다.

첫 열매의 속성은 '가장 좋은 것에서' 취한 것이어야 한다. 최고의 것과 첫 번째 것이라는 두 가지 조건을 모두 만족시켜야 한다. 수확을 하거나 소득이 생기자마자 주님께 드려야 한다. 보관하거나, 숨기거나, 몰래 축적하거나, 다른 방법으로 분배하지 말아야 한다. 최고의 것은 자신이 갖고 하나님께는 남은 것을 드렸던 이스라엘 사람들은 하나님의 심판을 받았다. 그분이 받을 만한 것을 주님께 돌려드리는 것이 믿음을 측정하는 온도계이다.

이스라엘이 영적으로 타락했을 때, 그들은 마땅히 드려야할 것을 중단했다. 그들이 마땅히 드려야할 것을 중단했을 때, 그들은 영적으로 타락했다. 이러한 드림의 원리는 시대를 초월하여 변하지 않으며, 이스라엘에 적용되었던 것처럼 오늘날 교회에도 적용된다.

십일조는 하나님의 것이다. 그러므로 사람들이 모든 것의 소유주이신 하나님께 십일조를 드리는 것이지 보답하는 것이 아니다. 그러므로 성경에서 십일조는 '드린다'는 표현보다는 '가져온다, 획득하다, 바치다, 지불하다'라는 뜻이다. 이러한 지불은 오늘날 세금을 납부하는 것처럼 임의로 할 수 있는 것이 아니다. 원하든지 원하지 않든지, 이스라엘 사람들은 십일조와 첫 열매를 순종의 행위로 지불했다. 우리는 구약성경이 따분하고 의무로 가득 찬 율법주의를 가르친다고 잘못 생각하기 쉽다. 이와는 반대로, 이스라엘 사람들은 드리는 재미에 빠져 있었다. '성소의 모든 일을 하는 지혜로운 자들이 각기 하는 일을 중지하고 와서 모세에게 말하여 이르되 백성이 너무 많이 가져오므로 여호와께서 명령하신 일에 쓰기에 남음이 있나이다 모세가 명령을 내리매 그들이 진중에 공포하여 이르되 남녀를 막론하고 성소에 드릴 예물을 다시 만들지 말라 하매 백성이 가져오기를 그치니 있는 재료가 모든 일을 하기에 넉넉하여 남음이 있었더라'(출 36:4-7)

이스라엘 사람들은 십일조가 아니라 완전히 십일조를 뛰어넘는 십일조 이상을 자발적으로 드렸다. 의무적인 드림이 아니라 자발적인 것이다."

그러므로 십일조는 우리가 월급이나 주급을 받거나 사업의 총수익에서 10%를 다른 것을 위해 돈을 사용하기 전에 하나님께 속한 것을 하나님께 되돌려 드리는 것이다.

십일조는 결코 우리가 쓰고 남은 것을 하나님께 드리는 것이 아니라 우리가 받은 물질에서 가장 먼저 십일조를 떼어 하나님께 드리는 것이다. 십일조는 우리의 것이 아니라 하나님의 소유이다.

십일조는 우리의 수입에서 먼저 십분의 일을 따로 떼어서 하나님께 드려야 한다. 하나님께서는 우리가 여러 가지 필요에 따라 모든 것을 다 지출하고 남은 것을 드리는 것을 받지 않으신다.

그러므로 십일조는 수입에서 다른 것을 지출하기 전에 먼저 따로 떼어서 하나님께 드리는 첫 번째 수확이다.

"네 재물과 네 소산물의 처음 익은 열매로 여호와를 공경하라 그리하면 네 창고가 가득히 차고 네 포도즙 틀에 새 포도즙이 넘치리라"(잠 3:9-10)

"매주 첫날에 너희 각 사람이 수입에 따라 모아 두어서"(고전 16:2)

그러므로 유다의 히스기야 왕은 하나님께 속한 첫 열매인 십일조를 드리지 않는 이스라엘 백성들에게 십일조를 드리라고 명령하였다. 그러자 유다 여러 성읍에 사는 이스라엘과 유다 자손들이 하나님 여호와께 구별하여 드릴 모든 것의 십일조를 가져와 드렸는데, 무려 5개월 동안 엄청나게 많이 드리므로 그 쌓은 더미가 여러 더미를 이루었다.

그리고 백성들이 십일조를 드리기 시작할 때부터 하나님께서 그들에게 복을 주시므로 모든 것이 풍성해졌다.

"왕의 명령이 내리자 곧 이스라엘 자손이 곡식과 포도주와 기름과 꿀과 밭의 모든 소산의 첫 열매들을 풍성히 드렸고 또 모든 것의 십일조를 많이 가져왔으며 유다 여러 성읍에 사는 이스라엘과 유다 자손들도 소와 양의 십일조를 가져왔고 또 그들의 하나님 여호와께 구별하여 드릴 성물의 십일조를 가져왔으며 그것을 쌓아 여러 더미를 이루었는데 셋째 달에 그 더미들을 쌓기 시작하여 일곱째 달에 마친지라 히스기야와 방백들이 와서 쌓인 더미들을 보고 여호와를 송축하고 그의 백성 이스라엘을 위하여 축복하니라 히스기야가 그 더미들에 대하여 제사장들과 레위 사람들에게 물으니 사독의 족속 대제사장 아사랴가 그에게 대답하여 이르되 백성이 예물을 여호와의 전에 드리기 시작함으로부터 우리가 만족하게 먹었으나 남은 것이 많으니 이는 여호와께서 그의 백성에게 복을 주셨음이라 그 남은 것이 이렇게 많이 쌓였나이다"(대하 31:5-10)

3
십일조는 하나님의 것이다

"그리고 그 땅의 십분의 일 곧 그 땅의 곡식이나 나무의 열매는 그 십분의 일은 여호와의 것이니 여호와의 성물이라"(레 27:30)

십일조에서 가장 중요한 원칙은 "십일조가 누구의 것인가?"라는 것이다. 과연 십일조가 누구의 것일까? 레위기 27장 말씀은 십일조가 하나님의 것이라고 말한다.

"그 십분의 일은 여호와의 것이니"

사실 온 세상을 창조하신 분은 우리 하나님이시다. 그리고 우리 인간을 만드신 분도 우리 하나님이시다. 그러므로 이 세상에 존재하는 모든 재물은 모두 하나님의 소유다.

하나님께서 우리 인간을 창조하셨으니 우리 인간도 하나님의 소유다. 특별히 우리 그리스도인들은 예수 그리스도의 보혈의 값을 지불하고 우리를 속량하셨으니 우리 또한 하나님의 소유다. 그러므로 우리가 가지고 있는 모든 것의 주인은 우리 하나님이시다.

우리가 예수 그리스도를 삶의 주인으로 우리의 마음속에 모셨다면 우리는 예수 그리스도의 종이다. 그러므로 우리가 노력해서 우리가 벌어들인 물질이 있더라도 그 물질은 모두 우리의 주인이 되시는 하나님의 소유다. 진정한 종은 결코 자신의 권리를 주장할 수 없다.

그런데 우리 하나님께서 하나님의 소유 중에서 90%를 우리가 사용하라고 하시고 우리에게 10%인 십일조를 요구하시는데 어찌 십일조를 드리지 않을 수 있을까?

그러므로 우리는 십일조가 하나님의 소유라는 것을 인정해야 한다.
뿐만 아니라 십일조는 하나님께 속한 거룩한 물질(성물)이다.
여기서 거룩한 물질이란 하나님께 구별되었다는 뜻이다.
우리가 무엇을 하나님께 드리면, 그것을 드리는 순간 그것은 하나님께 구별되어 거룩해 진다.

크래그 힐과 얼 피츠는 하나님께 구별되어진 거룩한 물질인 십일조를 이렇게 설명했다.

"십일조를 뜻하는 돈은 우리에게 속하지 않습니다. 그것은 하나님께 속하며, 우리는 그것을 받아 하늘의 창고에 배달하는 책임을 맡은 사람들입니다. 대부분의 그리스도인들은 십일조의 거룩함을 이해하지 못하기 때문에 십일조를 거룩한 것으로 취급하지 않습니다. 많은 사람들은 십일조가 하나님의 것임을 깨닫지 못하고 자기들의 것이라고 생각하여, 그것을 드리는 일이 굉장히 관대한 일이라고 느낍니다. 십일조를 거룩하게 여기는 것은 그것이 우리의 것이 아니라 주님의 것임을 깨닫는 것입니다. 하나님께 속한 십일조를 우리에게 있는 일상적인 다른 돈과 섞지 않아야 합니다. 그러므로 십일조를 관리하는 은행 계좌를 만들거나 헌금 봉투를 따로 준비하는 것이 바람직합니다."

4
십일조는 하나님께 바쳐진 물질이다

"어떤 사람이 자기 소유 중에서 오직 여호와께 온전히 바친 모든 것은 사람이든지 가축이든지 기업의 밭이든지 팔지도 못하고 무르지도 못하나니 바친 것은 다 여호와께 지극히 거룩함이며"(레 27:28)

십일조는 하나님께 속한 것이며, 하나님께 거룩히 구별된 것이며, 하나님께 바쳐진 물질이기 때문에 우리가 사용할 수 없다.

우리가 십일조를 하나님께 드리지 않으면 하나님께서 다른 방법으로 반드시 거두어 가시기 때문에 우리가 우리를 위해서 사용할 수 없도록 소멸되어 버린다. 하나님은 우리가 하나님께 바친 물건을 사용할 수 없다고 분명하게 말씀하셨다.

크래그 힐과 얼 피츠는 십일조가 하나님께 바쳐진 것에 대해 자세히 설명했다.

"고대 이스라엘에서는 군인들이 자기들이 정복한 도시의 전리품으로 급료를 받는 것이 흔히 있는 일이었습니다. 그들은 현시대와 같이 정부로부터 임금을 받는 것이 아니었습니다. 한 군대가 도시를 정복하면, 군인들은 모든 금은과 가축을 갖고 포로들을 자신의 노예로 삼았습니다. 이것이 도시를 정복하기 위해 생명의 위험을 무릅쓴 것에 대한 대가였습니다. 그러나 이스라엘이 요단강을 건너 가나안 땅을 정복하려고 들어갈 때, 어떤 성읍들은 하나님에 의해서 바쳐진 성으로 지정되었습니다. 바쳐진 성은 완전히 파괴하도록 바친 성입니다. 하나님께 바친 성에서는 군인들이 아무 것도 만질 수 없었습니다. 모든 것은 하나님의 보물고로 가게 되며, 온 도시는 태워 버리는 것입니다. 그것은 완전히 파괴되도록 바친 것입니다. 그러나 하나님께 바친 성읍이 아닌 도시를 정복할 때에 군인들은 노예를 취하고 그들이 발견한 귀중품들은 모두 가질 수 있었습니다. 여호수아 6장은 가나안에서 제일 먼저 정복하게 되어 있는 성읍인 여리고 성을 소개합니다. 하나님은 그 성을 파괴를 위해 바친 성으로 정하셨습니다. 이스라엘 군인들은 그 도시를 완전히 파괴해야 했고 모든 귀중품은 여화와의 보물고에 두어야 했습니다.

"이 성과 그 가운데에 있는 모든 것은 여호와께 온전히 바치되 기생 라합과 그 집에 동거하는 자는 모두 살려 주라 이는 우리가 보낸 사자들을 그가 숨겨 주었음이니라 너희는 온전히 바치고 그 바친 것 중에서 어떤 것이든지 취하여 너희가 이스라엘 진영으로 바치는 것이 되게 하여 고통을 당하게 되지 아니하도록 오직 너희는 그 바친 물건에 손대지 말

라"(수 6:17-18)

　여호수아는 하나님의 명령을 이스라엘에게 전하였습니다. 그러나 한 군사는 이 명령이 자기에게 적용된다고 믿지 않았습니다. 아간은 이것이 단지 하나님이 마음 내키는 대로 하신 명령이며 어떤 목적이나 실질적인 결과가 없는 것으로 생각했던 것입니다. 그러므로 아간은 여리고에서 발견한 어떤 귀중품을 취하여 아무도 모르게 자신의 장막 바닥 밑에 두었던 것입니다. 아간이 여리고로부터 하나님께 바쳐진 물건을 취하여 숨긴 결과 이스라엘은 아이 성과의 간단한 전투에서 패배하게 되었습니다. 아간의 이 행위는 아간에게만 영향을 미친 것이 아니라 이스라엘 온 나라에 미치게 된 것입니다. 이 전투에서 진 뒤 여호수아는 지혜로운 지도자로서 여호와께 패배의 이유를 여쭈어봅니다. 그는 자연적인 영역만을 보는 것이 아니라 영적인 영역에서 전투에 영향을 미치고 있는 것이 있다는 것을 깨달았습니다.

　"여호와께서 여호수아에게 이르시되 일어나라 어찌하여 이렇게 엎드렸느냐 이스라엘이 범죄하여 내가 그들에게 명령한 나의 언약을 어겼으며 또한 그들이 온전히 바친 물건을 가져가고 도둑질하며 속이고 그것을 그들의 물건들 가운데에 두었느니라 그러므로 이스라엘 자손들이 그들의 원수 앞에 능히 맞서지 못하고 그 앞에서 돌아섰나니 이는 그들도 온전히 바친 것이 됨이라 그 온전히 바친 물건을 너희 중에서 멸하지 아니하면 내가 다시는 너희와 함께 있지 아니하리라 너는 일어나서 백성을 거룩하게 하여 이르기를 너희는 내일을 위하여 스스로 거룩하게 하라 이스라엘의 하나님 여호와의 말씀에 이스라엘아 너희 가운데에 온전히 바친 물건이 있나니 너희가 그 온전히 바친 물건을 너희 가운데에서 제하기까지는 네 원수들 앞에 능히 맞서지 못하리라"(수 7:10-13)

이 구절에서 나타난 중요한 원칙은 그들 가운데 어떤 사람이 파괴되도록 바친 거룩한 것을 일상적인 것으로 여기고 자신의 소유 가운데 묻어 두는 것이 이스라엘 백성들이 그들의 대적을 능히 당하지 못하는 결과를 가져온다는 것입니다.

그러므로 우리는 십일조가 하나님께 거룩히 구별되어 바쳐진 물질이라는 사실을 깨달아야 합니다. 결국 하나님께 거룩히 구별되어 바쳐진 십일조를 드리지 않을 때 우리 자신에게만 영향을 끼치는 것이 아니라 우리가 속한 교회의 다른 지체에게도 영향을 끼친다는 것을 깨달아야 합니다.

그러므로 십일조가 무엇인지 올바로 깨닫고 하나님께 온전한 십일조를 드리는 교회는 대체로 그 위에 하늘 문이 열려 있습니다. 그들의 예배에는 더욱 강한 하나님의 임재가 있으며, 기적과 치유와 초자연적인 말씀이 더욱 많이 나타납니다.

이러한 교회에서는 사업들이 번창하며 집이 팔리고 사람들이 직장을 구하며 교회가 전반적으로 형통의 축복을 누리게 됩니다. 반면에 십일조를 거룩히 여기지 않으며 많은 사람들이 십일조를 하지 않는 교회는 그 위에 하늘 문이 닫혀 있습니다. 팔려고 하는 집이 몇 개월, 몇 년이 되어도 팔리지 않습니다. 사람들이 직장을 얻지 못합니다. 사람들이 대적인 사탄으로부터 방해를 받습니다. 하나님의 임재와 그분의 초자연적인 능력이 나타나지 않습니다. 말라기 3장 10절은 분명하게 십일조가 하늘 문을 연다고 말합니다.

그러므로 십일조를 하는 사람이 많은 교회는 열린 하늘을 경험하고, 많은 사람들이 십일조를 하지 않는 교회는 종종 그들 위에 닫힌 하늘을 경험하는 것입니다."

5
십일조는 하나님을
사장님으로 모시는 것이다

잭 하트만은 하나님이 우리의 삶에 사장님이 되신다는 것을 의미 있게 설명했다.

"우리가 십일조를 드리는 것은 하나님을 최우선 순위에 두는 것입니다. 우리가 하나님께 십일조를 드릴 때 하나님께서 우리의 모든 필요를 채우실 것을 믿는 다는 것을 믿음으로 표현하는 것입니다.

모든 수입에서 십일조를 따로 떼어내서 하나님께 드리는 것은 반드시 믿음이 있어야 할 수 있습니다. 우리가 하나님께 온전한 십일조를 드리면 하나님과 우리의 관계가 올바른 관계가 됨으로 모든 물질적인 관계도 정상으로 유지됩니다.

우리는 하나님의 사업에 참여하는 것이며 하나님과 동업자 관계가 됩니다. 하나님은 하나님의 사업의 주인이십니다. 그분은 동업을 하고 있는 우리에게 사업에 필요한 지혜와 지침을 주십니다.

하나님께서 주인이시지만 우리가 하나님과 동업해서 번 수입의 10%만 요구하시고 우리에게 나머지 90%를 주십니다. 이것은 하나님께서 우리에게 허락하신 가장 풍요로운 제안입니다. 그런데도 많은 사람들은 95%, 98%, 혹은 99%까지 가지려고 안달을 합니다. 주인의 돈을 청지기인 우리가 중간에서 가로채는 것은 결코 옳지 않습니다.

사장 되시는 하나님께서 사업으로 번 수입의 적은 부분인 10%만 갖겠다고 하시는데 우리가 동업자로서 욕심을 더 부린다면 어떻게 되겠습니까? 그러므로 우리가 십일조를 하고 하나님의 부요의 법칙을 따라 간다면 우리는 물질적인 부분에서 지혜를 얻게 됩니다. 그뿐만 아니라 삶의 모든 영역에서도 하나님의 지혜가 함께 하십니다."

그러므로 사업을 하는 그리스도인은 반드시 십일조를 드리므로 하나님을 사장님으로 모셔야 한다. 그러면 사업이 잘 될 수밖에 없다는 것을 알아야 한다. 그분은 전지전능하신 하나님으로서 사업에 필요한 지혜와 필요한 물질을 주실 뿐만 아니라 사업에서 무엇이 위험한 것인지 아시고 막아주시므로 사업이 성공할 수밖에 없는 것이다.

그러므로 당신도 지금부터 하나님께 십일조를 드리기로 결단해야 한다. 그러면 하나님은 반드시 당신에게 물질의 축복을 주신다.

6
십일조는 하나님을 찬양하는 것이다

성경에서 최초로 십일조를 드린 사람은 아브라함이다(창 14:19-20). 아브라함의 조카 롯이 잡혀가자 아브라함은 자기 집에서 훈련한 318명의 사병을 데리고 가서 조카 롯을 구해 돌아오다가 두 왕을 만났는데 한 왕은 세상을 상징하는 소돔 왕이요, 한 왕은 예수님을 상징하는 멜기세덱으로 살렘왕이요 평강의 왕이다.

멜기세덱이 먼저 아브라함에게 축복을 빌어준다.

"그가 아브람에게 축복하여 이르되 천지의 주재이시요 지극히 높으신 하나님이여 아브람에게 복을 주옵소서 너희 대적을 네 손에 붙이신 지극히 높으신 하나님을 찬송할지로다 하매 아브람이 그 얻은 것에서 십분의 일을 멜기세덱에게 주었더라"(창 14:19-20)

이것이 무엇을 의미하는가?

만약 성경의 스토리만 이해한다면 성경을 안다고 말할 수 없다. 많은 사람들이 주일학교 때부터 교회 다니고, 수많은 설교를 들어보고, 설교자가 어느 본문을 읽으면 그 말씀의 내용을 미리 알고 있다.

그러나 그 말씀의 내용을 스토리로만 알고, 그 말씀의 영적인 의미를 모른다면 성경을 안다고 말할 수 없다. 그것은 마치 홍길동전, 장화홍련전의 이야기를 아는 것과 다를 바 없다.

그럼 살렘 왕이 한 말의 의미가 무엇인가?

그것은 이런 뜻이다.

"아브람아 너는 이 전쟁에서 이겼다고 네 힘으로 이긴 줄 아느냐? 착각하지 마라, 절대로 네 힘으로 이긴 것이 아니다. 바로 하나님께서 이기게 해주신 것이다. 하나님이 바로 네게 허락했고 붙이신 것이다. 너는 너의 작전이 뛰어나서 이긴 줄 아느냐 아니다, 그러니 승리를 주신 지극히 높으신 하나님을 찬양하여라."

그렇다면 아브람은 '찬양하라'는 말을 듣고 하나님을 찬양했는가?

무엇을 했는지 살펴보자.

20절을 읽어보면 "이에 아브람이 그 얻은 것에서 십분의 일을 멜기세덱에게 주었다"고 말한다. 그래서 그는 찬송은 하지 않고 십일조를 드렸다. 그러므로 십일조란 하나님을 찬양하는 것이다.

아브람은 십일조를 통해서 "내 힘으로 이긴 것이 아니라 하나님이 도와주셔서 이겼습니다."라고 찬양을 드린 것이다.

그래서 십일조란 자기를 부인하는 것이요, 하나님을 높이는 것이요, 하나님을 예배하는 것이다. 그래서 우리는 십일조를 할 때 자기 고백을 하는 것이다.

"이 돈은 내가 번 돈이 아닙니다. 하나님이 다 주셨습니다. 그 중에 90%을 내가 쓰고 10%를 하나님께 드립니다. 그러니 하나님을 찬양합니다."

그러니 십일조란 돈의 의미보다 신앙의 고백이요, 믿음의 고백이다.
그러니 이런 의미를 알면서도 십일조를 하지 않는 것은 하나님 앞에서 부들부들 떨리는 태도를 취하는 것이다. 또한 십일조에 관한 교훈을 알고도 순종하지 않는 것은 십일조에 관한 교훈을 모르는 것과 동일한 것이다.

7
십일조는 하나님께 돌아가는 것이다

구약성경 말라기 3장 6-12절을 생각해 보자.

"나 여호와는 변하지 아니하나니 그러므로 야곱의 자손들아 너희가 소멸되지 아니하느니라 만군의 여호와가 이르노라 너희 조상들의 날로부터 너희가 나의 규례를 떠나 지키지 아니하였도다 그런즉 내게로 돌아오라 그리하면 나도 너희에게로 돌아가리라 하였더니 너희가 이르기를 우리가 어떻게 하여야 돌아가리이까 하는도다 사람이 어찌 하나님의 것을 도둑질하겠느냐 그러나 너희는 나의 것을 도둑질하고도 말하기를 우리가 어떻게 주의 것을 도둑질하였나이까 하는도다 이는 곧 십일조와 봉헌물이라 너희 곧 온 나라가 나의 것을 도둑질하였으므로 너희가 저주를 받았느니라 만군의 여호와가 이르노라 너희의 온전한 십일조를 창고에 들여 나의 집에 양식이 있게 하고 그것으로 나를 시험하여 내가 하늘 문을 열고 너희에게 복을 쌓을 곳이 없도록 붓지 아니하나 보라 만군의 여호와가 이르노라 내가 너희를 위하여 메뚜기를 금하여 너희 토지 소산을 먹어 없애지 못하게 하며 너희 밭의 포도나무 열매가 기한 전에 떨어지지 않게 하리니 너희 땅이 아름다워지므로 모든 이방인들이 너희를 복되다 하리라 만군의 여호와의 말이니라"

이스라엘 백성들이 우상을 숭배하고 타락하여 하나님의 징계로 BC 586년에 바벨론에 의하여 멸망을 당한 이후에 70년의 징계기간이 끝나고 포로귀환을 통해서 이스라엘 땅으로 다시 돌아왔지만 성전을 다시 건축하는 일은 쉬운 일이 아니었다.

무엇보다도 그들의 지도자였던 느헤미야가 페르시아 제국으로 소환된 후에는 이스라엘 백성들의 신앙이 느슨해져서 십일조를 드리는 일까지 등한히 여겼다.

그러므로 하나님께서는 말라기를 통해서 하나님을 떠난 이스라엘 백성에게 돌아오라고 말씀하셨다. 그러자 이스라엘 백성들은 '우리가 어떻게 돌아올까요?'라고 물었다.

"만군의 여호와가 이르노라 너희 조상들의 날로부터 너희가 나의 규례를 떠나 지키지 아니하였도다 그런즉 내게로 돌아오라 그리하면 나도 너희에게로 돌아가리라 하였더니 너희가 이르기를 우리가 어떻게 하여야 돌아가리이까 하는도다"(말 3:7)

그러므로 이스라엘 백성들은 말라기 3장 7절에서 하나님께 돌아가는 방법을 물었다. 그러면 말라기 3장 8절에서는 하나님께 돌아가는 방법이 나와야 한다. 그러므로 우리 하나님께서는 말라기 3장 8절을 통해서 하나님께 돌아가는 방법으로 십일조를 제시했다.

"사람이 어찌 하나님의 것을 도둑질하겠느냐 그러나 너희는 나의 것을 도둑질하고도 말하기를 우리가 어떻게 주의 것을 도둑질하였나이까 하는도다 이는 곧 십일조와 봉헌물이라 너희 곧 온 나라가 나의 것을 도둑질하였으므로 너희가 저주를 받았느니라 만군의 여호와가 이르노라 너희의 온전한 십일조를 창고에 들여 나의 집에 양식이 있게 하고 그것으로 나를 시험하여 내가 하늘 문을 열고 너희에게 복을 쌓을 곳이 없도록 붓지 아니하나 보라"(말 3:8-10)

그러므로 하나님께 십일조를 드리지 않는 것은 하나님을 떠난 것이다. 당신은 혹시 "나는 십일조를 하지 않았지만 하나님을 떠나지 않았습니다."라고 말하시겠는가? 하지만 그것은 당신의 몸은 떠나지 않았지만 마음은 이미 떠난 것이다.

그러므로 십일조란 하나님께 돌아가는 것이다. 또한 십일조를 하지 않는 것은 하나님의 것을 도적질하는 것이다. 그러므로 우리 하나님께서는 온전한 십일조를 드리지 않는다면 저주가 있을 것이라고 경고하시면서, 십일조를 드린다면 확실하게 물질축복을 받을 것이라고 말씀하셨다.

그러므로 우리가 십일조를 드릴 때 하나님께서 우리에게서 물질이 새어나가게 하는 모든 적들을 물리쳐 주신다. 우리 하나님께서 메뚜기도 막아 주시고, 풍성한 열매가 기한 전에 떨어지지 않아 풍성한 결실을 거두게 해 주신다. 그러므로 우리는 큰 어려움이 없이 부자가 되는 축복을 받을 수 있다. 우리가 드리는 십일조는 우리를 든든하게 지켜주는 요새가 되기 때문이다.

"만군의 여호와가 이르노라 내가 너희를 위하여 메뚜기를 금하여 너희 토지 소산을 먹어 없애지 못하게 하며 너희 밭의 포도나무 열매가 기한 전에 떨어지지 않게 하리니 너희 땅이 아름다워지므로 모든 이방인들이 너희를 복되다 하리라 만군의 여호와의 말이니라"(말 3:11-12)

8
십일조는 사역자에게 주어진 기업이다

구약성경 민수기 18장 21절과 25-26절을 생각해 보자.

"내가 이스라엘의 십일조를 레위 자손에게 기업으로 다 주어서 그들이 하는 일 곧 회막에서 하는 일을 갚나니, 여호와께서 모세에게 말씀하여 이르시되 너는 레위인에게 말하여 그에게 이르라 내가 이스라엘 자손에게 받아 너희에게 기업으로 준 십일조를 너희가 그들에게서 받을 때에 그 십일조의 십일조를 거제로 여호와께 드릴 것이라"(민 18:21, 25-26)

이스라엘 12지파 중에 레위지파는 유일하게 가나안 땅에 들어가서 땅을 기업으로 받지 않았다. 그들은 바로 제사장 지파로서 하나님이 그들의 기업이요, 분깃이었다. 기업이란 땅이요 분깃이란 유산이다. 그러므로 그들은 하나님의 일을 하고 11지파가 십일조를 드린 것으로 살아가라고 말씀하셨다.

그런데 이스라엘 백성들이 바벨론의 포로생활에서 돌아온 후에 그들은 느헤미야의 주도하에 예루살렘 성전을 다시 건축하고 그 성전을 레위 자손들에게 관리하도록 맡겼다.

하지만 느헤미야가 잠시 자리를 비웠을 때 이스라엘 백성들은 십일조를 드리지 않았다. 그 결과 레위 자손들은 자기의 밭으로 돌아가므로 성전을 제대로 관리할 수 없게 되었다. 결국 느헤미야가 다시 돌아와 십일조를 드리지 않는 이스라엘 백성들을 호되게 꾸짖어 십일조를 드리게 되었고, 레위 사람들은 다시 성전으로 돌아와 하나님을 섬기게 되었다.

"내가 또 알아본즉 레위 사람들이 받을 몫을 주지 아니하였으므로 그 직무를 행하는 레위 사람들과 노래하는 자들이 각각 자기 밭으로 도망하였기로 내가 모든 민장들을 꾸짖어 이르기를 하나님의 전이 어찌하여 버린 바 되었느냐 하고 곧 레위 사람을 불러 모아 다시 제자리에 세웠더니 이에 온 유다가 곡식과 새 포도주와 기름의 십일조를 가져다가 곳간에 들이므로"(느 13:10-12)

그런데 레위 제사장들은 꼭 지금의 목사를 지칭하는 것은 아닐 것이다. 우리 모두는 다 왕 같은 제사장들이기 때문이다(벧전 2:9). 하지만 오늘날 목사는 직업을 가지지 않고 레위 자손들처럼 하나님의 일을 하면서 살아간다.

그런데 여기서 우리는 재미있는 교훈을 배울 수 있다.

만약 11지파가 다 십일조를 하면 열 개중에 하나씩만 드려도 몇 개나 되는가? 당연히 11지파가 하나씩 드리면 11개가 된다. 하지만 11지파는 10개 중에 하나를 드렸으니 각 지파는 9개가 남아 있다.

그러면 결과적으로 누가 더 많은가?

당연히 11지파보다 레위 자손들이 더 많다.

오늘날에도 비록 개척교회에서 목회하는 목사라도 온 성도들이 십일조에 참여하면 목사는 어렵게 살지는 않을 것이다. 그러나 만약 11지파가 십일조를 하지 않으면 레위지파는 굶어야 한다. 그러나 하나님의 계획은 그것이 아니다. 많은 그리스도인들 중에 특히 젊은이가 목사로 헌신하지 않는 이유가 무엇일까? "목사가 되면 가난하게 살더라. 그러니 나는 목사는 안 되고 돈이나 많이 벌어서 교회를 후원하는 사람이 되겠다."라고 말하며 헌신을 하지 않는다.

그러므로 요즘 대형교회를 제외하면 대부분의 목회자들은 어렵게 생활하고 있다. 그러므로 우리나라 목회자들의 소득 수준은 우리나라 4인 가구 최저생계비에도 못 미치는 것으로 나타났다.

2017년 여러 교단의 목회자들을 대상으로 한 조사에서 목회자의 월 평균 수입은 202만원이고, 이 금액은 정부가 제시한 2017년 4인 가구의 최저생계비인 268만원의 4분의 3의 수준이었다. 그 중에 250만원 이상은 24.8%, 200만-250만원 미만은 31.7%, 150만-200만원 미만은 19.1%, 50-100만원 미만은 5%나 되었다.

하지만 하나님의 계획은 결코 이런 것이 아니었다. 그래서 성도들이 하나님께 순종하여 온전한 십일조를 드리면 목회자는 어렵지 않게 사역을 할 수 있다. 목회자이기 때문에 어렵게 살아야 하는 것은 결코 하나님의 계획이 아니었다.

사도 바울의 권면을 들어보자.

"성경에 일렀으되 곡식을 밟아 떠는 소의 입에 망을 씌우지 말라 하였고 또 일꾼이 그 삯을 받는 것은 마땅하다 하였느니라"(딤전 5:18)

"누가 자기 비용으로 군 복무를 하겠느냐 누가 포도를 심고 그 열매를 먹지 않겠느냐 누가 양 떼를 기르고 그 양 떼의 젖을 먹지 않겠느냐 내가 사람의 예대로 이것을 말하느냐 율법도 이것을 말하지 아니하느냐 모세의 율법에 곡식을 밟아 떠는 소에게 망을 씌우지 말라 기록하였으니 하나님께서 어찌 소들을 위하여 염려하심이냐 오로지 우리를 위하여 말씀하심이 아니냐 과연 우리를 위하여 기록된 것이니 밭 가는 자는 소망을 가지고 갈며 곡식 떠는 자는 함께 얻을 소망을 가지고 떠는 것이라 우리가 너희에게 신령한 것을 뿌렸은즉 너희의 육적인 것을 거두기로 과하다 하겠느냐 성전의 일을 하는 이들은 성전에서 나는 것을 먹으며 제단에서 섬기는 이들은 제단과 함께 나누는 것을 너희가 알지 못하느냐"(고전 9:7-13)

그러므로 목회자도 하나님의 물질축복을 받고 물질적으로도 잘 되어야 한다. 그러나 성도가 성경에 나타난 부자가 되는 방법으로 물질축복을 받아 하나님께 풍성하게 드려야 목회자도 잘될 수 있다.

그러므로 십일조는 사역자에게 주어진 기업이다.

9
십일조는 모든 것이 하나님의 소유라는 것을
인정하는 신앙고백이다

하나님은 고린도전서 16장 1절에서 이렇게 말씀하셨다.

"성도를 위하는 연보에 관하여는 내가 갈라디아 교회들에게 명한 것 같이 너희도 그렇게 하라"

이 말씀에 의하면 십일조와 헌금은 하나님의 명령이다. 십일조는 하나님의 선포이다. 십일조는 해도 되고 안 해도 되는 것이 아니라 반드시 해야 되는 하나님의 명령이다.

그리고 사도 바울은 고린도전서 16장 2절에서 각자가 해야 된다고 권면한다. "매주일 첫날에 너희 각 사람이 이를 얻은 대로"하라는 것이다. 하나님은 하나님의 특별한 존재인 우리에게 많은 것을 요구하시지 않는다. 하나님이 요구하시는 것은 최소한의 것 곧 십일조와 헌물이다.

십일조는 내 힘으로 사는 것이 아니라 하나님의 힘으로 살고 있다는 신앙고백이다.

십일조는 나머지 90%도 하나님의 소유라는 것을 인정하기 때문에 자신의 삶을 하나님께 헌신하는 것이다.

십일조는 우리가 가진 모든 것이 하나님께로부터 왔음을 인정하는 것이다. 그러므로 십일조는 내가 하나님의 90%를 사용하기에 하나님께 감사를 표현하는 것이다.

십일조는 우리의 삶에 부어진 하나님의 넘치는 축복을 세어보는 것이다. 십일조는 하나님이 우리의 삶에 필요한 모든 것을 공급해 주실 것을 믿는 것이다. 결국 우리 하나님께서 십일조 하는 우리를 책임져 주시겠다는 뜻이다.

십일조를 도적질 했다는 것은 하나님의 은혜전체를 떼어먹은 것이다. 그러므로 우리를 물질적으로 어렵게 만드는 것은 하나님이 아니라 우리 자신이다. 우리의 눈을 문제에 고정시키지 말고, 성경적 부자 되는 원칙에 고정시켜야 한다. 우리가 하나님께서 정하신 십일조에 관한 원리에 따라 십일조를 드리면 그 어떤 문제라도 우리를 넘어뜨릴 수 없다.

그러므로 십일조는 의무가 아니라 축복이다.

세상에 있는 것들 중 하나님의 것이 아닌 것이 하나도 없다. 그러므로 십일조는 모든 소유권이 하나님께 있다는 것을 인정하는 신앙고백이다. 그러므로 내 삶의 모든 것이 하나님의 선물임을 인정하는 의미로 십일조를 드린다. 우리가 드리는 십일조는 이 세상의 모든 만물이 다 하나님께로부터 우리에게 주어졌으며, 그 소유권이 하나님께 있다는 것을 인정하는 신앙고백이다.

그러므로 우리가 하나님께 물질을 드리는 것은 하나님의 능력을 내 삶으로 끌어드리는 것이다. 하나님을 위해 조금만 희생해도 하나님은 아주 크게 축복하신다. 하늘의 축복을 사모하며 받을 그릇을 준비하고 있는가?(셀라이프)

하나님께 드리는 가장 기본적인 방법은 수입에서 십일조를 온전하게 드리는 것이다. 십일조를 드리는 것은 율법이 있기 전에 시작되었으며(창 14:20), 예수님께서도 십일조를 소홀하게 여기지 말고 계속해서 드리라고 강조하셨다. 우리가 십일조를 드리는 것은 모든 것이 하나님의 소유라는 것을 인정하는 신앙고백이다.

"땅과 거기 충만한 것과 세계와 그 중에 거하는 자가 다 여호와의 것이로다"(시 24:1)

"은도 내 것이요 금도 내 것이니라 만군의 여호와의 말이니라"(학 2:8)

성경 말씀은 우리가 가지고 있는 것은 무엇이나 하나님의 것이라고 말한다. 그러므로 우리의 것은 하나도 없다. 우리는 하나님의 돈을 하나님의 목적을 위해 현명하게 사용할 책임이 있다. 십일조를 하지 않으면 재정적인 상황에서 모두 저주를 받는다고 말한다.

"너희 곧 온 나라가 나의 것을 도적질하였으므로 너희가 저주를 받았느니라"(말 3:9)

모든 수입을 다 빚을 갚아나가는데 사용해야 할 상황에 처해 있다면 그럴수록 더더욱 십일조에 참여해야 한다. 먼저 십일조를 떼어놓고 빚을 갚는데 사용해야 한다.

어떤 사람이 너무나 어려워서 십일조를 내지 못하고 있는데 십일조에 대한 설교를 듣고 목사님을 찾아갔다. 그래서 목사님은 그러면 십일조를 먼저 드리고 물질을 사용하라고 권면했다. 그리고 그렇게 했는데도 불구하고 하나님께서 물질을 채워주시지 않으면 목사님이 그 돈을 채워주겠다고 약속했다. 그리하여 결국에는 모든 필요가 다 채워졌고 그 목사님께서 부족한 돈을 채워주지 않아도 되었다.

왜 그럴까?

우리 하나님께서 그렇게 해보라고 약속하셨기 때문이다.

"만군의 여호와가 이르노라 너희의 온전한 십일조를 창고에 들여 나의 집에 양식이 있게 하고 그것으로 나를 시험하여 내가 하늘 문을 열고 너희에게 복을 쌓을 곳이 없도록 붓지 아니하나 보라"(말 3:10)

그러므로 더 풍성하게 십일조를 드려야 한다. 당신의 10%에서 멈추지 말아야 한다. 당신이 벌고 있는 현재의 기준으로 드리지 말고, 당신이 벌고 싶은 액수를 기준으로 정하고 십일조를 드려야 한다. 풍성하게 채워 주실 수 있는 하나님의 능력을 제한하지 않기 위해서 그렇게 해야 한다.

그러므로 잭 하트만은 십일조를 "단지 펌프로 물을 퍼 올릴 때 끌어올리기 위해 먼저 붓는 소량의 마중물과 같은 것"이라고 했다.

10
십일조를 하지 않는 것은 하나님의 것을 도둑질하는 것이다

십일조는 하나님의 것이며 조금이라도 적게 드리는 것은 하나님의 것을 도적질하는 것이다. 하나님은 십일조를 드리지 않는 이스라엘 백성들에게 "너희들이 하나님의 것을 도둑질하였다"고 말씀하셨다. 하나님은 십일조가 하나님의 것이라고 분명하게 말씀하셨기 때문에 십일조를 드리지 않는 것은 하나님의 것을 도둑질하고 훔치는 것이다.

"사람이 어찌 하나님의 것을 도둑질하겠느냐 그러나 너희는 나의 것을 도둑질하고도 말하기를 우리가 어떻게 주의 것을 도둑질하였나이까 하도다 이는 곧 십일조와 봉헌물이라 너희 곧 온 나라가 나의 것을 도둑질하였으므로 너희가 저주를 받았느니라"(말 3:8-9)

"그리고 그 땅의 십분의 일 곧 그 땅의 곡식이나 나무의 열매는 그 십분의 일은 여호와의 것이니 여호와의 성물이라 또 만일 어떤 사람이 그의 십일조를 무르려면 그것에 오분의 일을 더할 것이요 모든 소나 양의 십일조는 목자의 지팡이 아래로 통과하는 것의 열 번째의 것마다 여호와의 성물이 되리라"(레 27:30-32)

그러므로 말라기 3장 8-9절에서는 십일조를 드리지 않는 사람에게 "너희가 나의 것을 도둑질하였으므로 너희가 저주를 받았느니라"라고 말씀한다. 십일조는 사람의 것을 도둑질하는 것도 아니고 만군의 여호와이신 하나님의 것을 도둑질하였는데 하나님께서 어찌 그냥 내버려두시겠는가? 그러므로 하나님께서는 십일조를 하지 않는 사람에게 "너희가 저주를 받았느니라"라고 말씀하신다. 하나님은 십일조를 하지 않는 사람을 절대로 그냥 봐주지 않으신다.

그러므로 십일조는 우리에게 속한 것이 아니라 하나님께 속한 것이다. 우리는 단지 하나님께 속한 것을 하나님께 되돌려 드리는 것이다. 십일조는 우리가 벌어서 우리에게 속한 우리의 것을 하나님께 드리는 것이 아니다.

그러므로 십일조는 우리의 수입의 소득에서 정확하게 계산하여 10%를 드려야 한다. 그러므로 하나님께서 말라기 3장 10절에서 "온전한 십일조를 창고에 가져오라"고 말씀하신 것은 정확하게 우리의 수입의 소득에서 10%를 가져오라는 것이지, 우리의 소득의 5%나 7%를 드리라는 것이 아니다. 그러므로 우리의 소득에서 10%보다 적게 드리는 것은 온전한 십일조가 아니며, 하나님의 것을 도둑질하고 훔치는 것이다.

그러므로 우리의 수입의 소득에서 2%에서 시작해서 여유가 생기므로 점차적으로 4%나 6%나 7%를 드리겠다는 태도는 마치 대형마트에서 물건을 훔치는 버릇이 있었으나 한 번에 훔치는 버릇을 끝내는 것이 아니라 한 달에 10번 훔치던 것을 점차적으로 줄여서 그 다음 달에는 8번만 도둑질을 하고, 그 다음 달에는 6번만 도둑질하고, 그 다음 달에는 4번만 도둑질하겠다는 것과 동일한 것이다.

그러므로 10%의 온전한 십일조를 드려야 하는 것은 하나님의 것을 적게 도둑질하겠다고 정할 것이 아니라 하나님의 돈을 도둑질하는 것을 당장 끝내버리겠다고 굳게 결단하고 오늘부터 10%의 온전한 십일조를 드려야 한다.

그럴 때 십일조를 통해서 우리를 축복하시기로 정하신 하나님의 모든 축복이 우리에게 임하는 것이다. 하지만 우리가 하나님의 것을 도둑질하면 우리가 도둑질한 돈이 그대로 남아 있는 것이 아니라 엉뚱한 곳에 돈이 사용되어 결국에는 다 사라져버린다. 그러므로 십일조를 드리지 않는 사람들은 대부분 재정적인 문제로 시달린다.

그러므로 이러한 사실을 알면서도 십일조를 드리지 않는다면 어찌 어리석은 사람이 아니라고 말할 수 있을까?

그러므로 하나님께 드리는 십일조의 돈이 많다고 생각하는 사람이라면 하나님께 자신의 수입과 소득이 적어지게 해 달라고 기도하면 된다. 사실 하나님께 드릴 십일조의 돈이 많다면 그만큼 수입과 소득이 많았으니 하나님께 감사해야할 일이다.

어떤 사람들은 이 땅에서 여러 사람들에게 빚을 진 것이 많아 십일조를 드릴 수 없다고 말한다. 하지만 우리가 하나님의 소유인 십일조를 드리지 않는 것은 하나님께 빚을 지는 것이다. 그러므로 사람에게 진 빚을 갚기 위해서 십일조를 드리지 않는 사람은 하나님의 돈을 도둑질하여 사람에게 진 빚을 갚는 것이다.

그렇게 하면 그 사람의 빚 문제가 해결이 될까?

결코 온전히 해결할 수 없는 것이다.

그러므로 십일조를 드리지 않는 사람은 하나님의 것을 도둑질하기 때문에 하나님이 준비하신 축복을 마귀 사탄으로부터 도둑질 당하고 있는 것이다. 하나님께 십일조를 드려야 십일조를 통해 우리를 축복하시겠다고 정하신 하나님의 축복이 우리에게 임함으로 사람에게 진 빚도 해결할 수 있는 것이다.

그러므로 우리는 문제를 거꾸로 해결하려고 하지 말고 올바른 순리에 따라 먼저 하나님의 것을 하나님께 드림으로 하나님의 축복을 받아 사람에게 진 빚도 갚을 수 있는 것이다.

이것이 하나님께서 성경을 통해 정하신 부자 되는 원칙이다.

그러므로 제롬은 십일조를 하지 않는 것에 대해 이렇게 말했다.

"십일조를 드리지 않는 사람은 누구든지 하나님을 속이고 물건을 대체하는 죄를 짓는 것이다."

어거스틴도 십일조를 하지 않는 것에 대해 이렇게 말했다.

"십일조는 빚처럼 의무였기 때문에 십일조를 드리려고 하지 않는 사람은 도둑질한 것 같은 죄책감을 느낀다. 그러므로 누구든지 자신을 위해 안전한 보상을 바라는 사람들은 십일조를 드리고, 남은 90%에서 자선을 베풀도록 하라."

그런데 어떤 사람들은 하나님께 십일조를 드리지 않으면서 다른 사람들을 물질로 섬기는 사람들이 있다. 그러나 이러한 행위는 하나님의 것을 도둑질해서 그 도둑질한 돈으로 다른 사람을 섬기고 있는 것이다. 그러므로 어떤 사람들은 도둑질한 돈으로 여행을 가고, 도둑질한 돈으로 자녀 교육비를 내고, 도둑질한 돈으로 다른 사람에게 선심을 쓰고, 도둑질한 돈으로 다른 사람에게 선물까지 한다. 그러므로 이런 사람들은 지금 좋은 일을 하고 있는 것이 아니라 하나님의 돈을 도둑질하는 가장 악한 죄를 범하고 있는 것이다.

너무도 많은 사람들이 십일조를 하나님의 것이 아니라 자신의 소유라고 착각하고 있다. 그러므로 십일조는 다른 사람에게 주어야할 돈이 아니라 하나님의 것이니 정확하게 하나님께 드려야 한다. 그러므로 인간에게 좋은 칭찬을 받기 위해 하나님의 것을 도둑질하는 위선자가 되지 말아야 한다. 이것은 결코 하나님의 소유를 맡아 관리하는 청지기의 옳은 행동이 아님을 알아야 한다.

그러므로 우리는 반드시 하나님께 십일조를 드림으로 하나님의 축복을 누리는 사람이 되어야 한다. 그렇다면 언제부터 십일조를 드려야 하는가? 하나님의 사랑과 복음으로 구원받은 그리스도인이라면 당장 오늘부터 시작해야 한다. 십일조야말로 그리스도인들이 첫 번째로 순종해할 출발점이다.